Round Pound Cake

丸型で焼くからおいしい
パウンドケーキ　　　　　若山曜子

はじめに

小さい頃、父が私に買ってくれた本の中に、お菓子のレシピ本がありました。
今田美奈子先生の『お菓子物語』。今でも大切に持っています。

巻頭の写真には、当時の私よりちょっとお姉さんのフランスの女の子たちが、
オーブンミトンで丸いケーキ型を持つ姿がありました。
ぷっくりとふくらんだ、香ばしそうなケーキの名前は「カトル・カール」(Quatre-Quarts)。
フランス語で「4分の4」という意味を持つお菓子は、
卵、バター、砂糖、小麦粉の4つの材料が、すべて同量ずつ入っています。
英語の「パウンドケーキ」も同じお菓子。
1ポンド(パウンド)ずつ材料が入ることから、名前がついたといわれています。

パウンドケーキは、パウンド型で焼かれるのが一般的ではありますが、
『お菓子物語』のケーキのように、必ずしもパウンド型で焼くわけではありません。
不思議なもので、型が違うとお菓子の食感も変わってきます。

ケーキは、型に直接あたる部分は少しカリッと焼き上がり、
型からもっとも遠い中心部は、ふんわり、しっとりするのが常。
丸型だと、切り分けた時に、カリッとした部分とふんわりとした部分を
みんなが同じバランスで食べることができるし、
心なしか中央のふんわり部分が、多く仕上がるように思います。

また、15cmの丸型は、18cmのパウンド型より少し容量が大きく、
そのぶん、たっぷりのくだものやサワークリーム、
ボリュームのあるメレンゲもあふれることなく受け入れ、ケーキ全体を軽く仕上げてくれます。
日を追うごとに、くだものの果汁などがなじみ、食感がしっとりと変化するのもうれしい。
さらにいいなと思ったのは、ちょっとおもてなし風になること。
まんまるの型の飾りつけは、不器用な私でも、あまり考えずにかわいくできます。

そういえば、お誕生日のケーキはいつも丸型でした。
ちょっとすてきなお皿を出してきて、切り分けて。
紅茶をちゃんといれたくなる…。
人に差し上げる時も、箱に入れてもさまになる。
日常の延長線上の、ほんの少しの特別感。
それがまた、丸型のケーキを焼く楽しさのひとつかもしれません。

若山曜子

この本のお菓子について

1

丸型ひとつあれば

この本のパウンドケーキは、すべて直径15cm
の丸型で作ることができます。おなじみの円
柱形の型は、背が高くても低く焼き上がって
もかわいいのが魅力。大きく切ったりたくさ
ん切っても、まわりのカリッとしたところ、
中のしっとりしたところの両方が味わえます。
100円ショップなどでも手に入れられる、手
頃な型というのもうれしいですね。

2

ワンボウルで

卵白を泡立ててメレンゲにするもの、マーブ
ル模様を作るものなどを除けば、ほとんどの
ケーキがボウルひとつで作れます。バターや
砂糖、卵、粉をボウルにどんどん加えながら、
混ぜていくだけ。それでもバラエティ豊かな
生地が作れ、アレンジも自在。バナナケーキ
にりんごも加えてみようなど、いろんな楽し
み方ができるケーキばかりです。

3

食感はいろいろ

卵、バター、砂糖、粉…メインの材料はほとんど同じですが、バターをふんわりすり混ぜるか、溶かして加えるのか、卵をただ溶いて混ぜるか、泡立てるのかなどで、いろいろな食感のケーキを作ることができます。しっとり、しっとり軽やか、ふんわり、さくほろ、ふわふわ、オイルで軽やか…バラエティ豊かな6種類の生地をご紹介します。

4

飾る楽しみ

丸型で作るケーキは少し特別感があって、表面積が広くて飾りつけがしやすいのが特徴。まん中がぷくっとふくらんだその姿は、焼きっぱなしでも十分かわいいですが、クリームをぽんとのせ、シナモンをふったりドライフルーツを散らすだけでもさまになるし、クリームなどもサンドしやすい。デコレーション次第で豪華にできるのも魅力です。

Contents

Chapter_1　しっとりパウンドケーキ

Chapter_2　しっとり軽やかパウンドケーキ *Light and Moist*

Chapter_3　ふんわりパウンドケーキ

Chapter_4　さくほろパウンドケーキ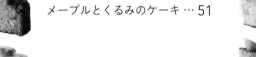

Chapter_5　ふわふわパウンドケーキ

Chapter_6　軽やかオイルケーキ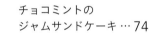

【 この本での約束ごと 】
・大さじ1は15mℓ、小さじ1は5mℓです。
・卵はMサイズ（正味50〜55g）のものを使用しています。
・オーブンは、あらかじめ設定温度に温めておきます。
　焼き時間は、熱源や機種などによって多少差があります。
　レシピの時間を目安に、様子を見ながら加減してください。
・電子レンジの加熱時間は、600Wのものを基準にしています。
　500Wの場合は、1.2倍の時間を目安にしてください。
　機種によっては、多少差が出ることもあります。

Rich and Moist

❲ Chapter 1 ｜ しっとりパウンドケーキ ❳

フランス語で「カトル・カール」と呼ばれる、もっともベーシックなケーキ。
バター、砂糖、卵、粉を同量ずつ使って作る、リッチで風味豊かな生地です。
ハンドミキサーでバターにしっかり空気を含ませると、ふわっと軽い食感に。
ベーキングパウダーを少し加え、ふんわりと確実にふくらむようにしています。
フルーツを合わせて香りや果汁をプラスし、しっとり焼き上げるのが好きです。

Banana

バナナケーキ

バナナの甘みと水分を加えることで、しっとりとして軽さのある、
香りのよいケーキにしました。バナナは大きめに切ってうめ込むと、
コクがある生地の中でアクセントに。全体に混ぜ込めば、
バナナの味が全体に行き渡ります。くるみをトッピングしても合います。

バナナケーキ

材料（直径15cmの丸型1台分）

- 薄力粉 … 120g
- ベーキングパウダー … 小さじ ⅔

バター（食塩不使用）… 120g

きび砂糖 … 100g

卵 … 2個

バナナ … 2本（正味200g）

仕上げ用のきび砂糖 … 小さじ ½

下準備

- バターと卵は室温に戻す。
- バナナは、生地用1本は8〜10等分の輪切り、トッピング用1本は長いまま縦半分に切る。
- 型にオーブンシートを敷く。
- オーブンを180℃に温める。

Point

バターは冷蔵室から出して室温にしばらくおき、ゴムベラがすっと入るまでやわらかくする。1〜2cm厚さに切って、300Wの電子レンジで様子を見ながら10秒ずつ加熱しても。

Point

底のオーブンシートは、15cm角の正方形に切り、それを半分⇒また半分⇒そのまた半分と折って三角形にし、端を丸く切ると直径15cmの円形に。生地がふくらむので、側面は型より1〜2cm高くする。

❶ バターと砂糖を混ぜる

ボウルにやわらかくしたバター、砂糖を入れ、ゴムベラで練ってなじませる。

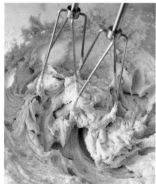

ハンドミキサーの高速で、白っぽくふんわりするまで混ぜる。

＊泡立て器で、空気をしっかり含ませるように混ぜてもいい。ハンドミキサーだと、空気が入ってより軽く仕上がる

ゴムベラで切るようにさっくりと、底から返すようにして混ぜる。

＊ボウルを逆方向に回しながらするといい

粉っぽさがなくなったら、底から返すようにしてさらに15回ほど混ぜる。

【 生地が分離したら… 】

卵が冷たかったり、一気に加えすぎてツブツブと分離したら、分量の薄力粉から大さじ2をふるい入れ、ゴムベラでさっくりと混ぜるとつながる。

＊慌てて混ぜると、さらに分離するので注意して

② 卵を加える

溶いた卵を大さじ1加え、

＊卵が冷たいと分離しやすいので、しっかり室温に戻して

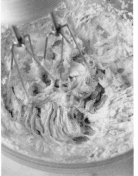

ハンドミキサーの低速で、なじむまで1分混ぜる。

＊先に卵を少し加えてしっかり混ぜると、生地が分離しにくくなる。分離すると、口あたりが悪くなるので注意

残りの卵を5〜6回に分けて加え、そのつどハンドミキサーの低速でなじむまで混ぜる。

＊低速でやさしく混ぜ、混ぜすぎないように

③ 粉類を加える

粉類を一度にふるい入れ、

④ 焼く

生地がツヤッとして均一になり、クリームのようになればOK。

＊しっかり混ぜることで、生地の中の余分な空気が抜け、キメ細かい焼き上がりに

型に生地の¾量を流して平らにならし、生地用のバナナを並べ、軽く押し込む。

＊焼くとまん中がふくらむので、ならす時は中央を少しへこませるといい

残りの生地をのせ、バナナが隠れるようにならし、トッピング用のバナナを断面を上にしてのせ、バナナに砂糖をふる。

180℃のオーブンで45〜50分焼く（途中20分ほどしていい焼き色がついていたら、170℃に下げる）。

＊中央の割れ目に竹串を刺し、どろっとした生地がつかなければOK。網にのせて冷まし、粗熱がとれたら型から出す

11

Apple
りんごのケーキ

りんごの甘酸っぱさが生きた、軽やかな味わいのケーキ。
りんごは生だと水分が出るので、ソテーしてうまみを凝縮させて。
しっかりソテーしても美味だし、さっとだとフレッシュさが残ります。
砂糖をキャラメル状にこがす時は、薄い茶色になるくらいでOKです。

材料（直径15cmの丸型1台分）

薄力粉 … 120g
ベーキングパウダー … 小さじ⅔
バター（食塩不使用）… 120g
グラニュー糖（またはきび砂糖）… 100g
卵 … 2個
【りんごのキャラメルソテー】
りんご（あれば紅玉）… 1個（200g）
A｜グラニュー糖 … 大さじ1
　｜水 … 小さじ½
バター（食塩不使用）… 小さじ1
はちみつ … 大さじ1

下準備

・バターと卵は室温に戻す。
・りんごは皮ごと16等分のくし形に切り、
　生地用8枚は長さを半分に切る。
・型にオーブンシートを敷く。

作り方

1 りんごのキャラメルソテーを作る。フライパンにAを入れて強火にかけ、薄い茶色になるまでこがす。りんご、バターを加えてりんごの角がとれるまで中火で炒め、はちみつをからめて冷ます。オーブンを180℃に温める。

2 ボウルにやわらかくしたバター、砂糖を入れてゴムベラで練り、ハンドミキサーの高速でふんわりするまで混ぜる。溶いた卵を大さじ1加え、ハンドミキサーの低速でよく混ぜ、残りの卵を5〜6回に分けて加え、なじむまで混ぜる。

3 粉類をふるい入れ、ゴムベラでさっくりと混ぜ、粉っぽさが少し残るくらいで1のりんご（半分に切ったもの）を加え、さっくりと混ぜる。

4 型に流して平らにならし、残りのりんごを並べ、180℃のオーブンで50〜60分焼く（20分たっていい焼き色がついたら170℃に下げる）。

Point

りんごのキャラメルソテーは、まずフライパンにグラニュー糖と水を入れて強火にかけ、薄い茶色になるまでこがす。ここにりんごとバターを加え、りんごの角がややしんなりするまで中火で炒める。

Tea & Prune
紅茶とプルーンのケーキ

プルーンの甘みを、紅茶液で煮ることですっきりとまとめ、
生地にも紅茶の葉を加えて、ほのかに香らせます。
茶葉は、香りの強くないアッサムやセイロンなどがおすすめ。
シナモンを八角にかえると、少しエキゾチックになってまたおいしい。

材料（直径15cmの丸型1台分）

薄力粉 … 120g

ベーキングパウダー … 小さじ⅔

紅茶の葉（ティーバッグ）… 1袋（2g）

バター（食塩不使用）… 120g

グラニュー糖 … 90g

卵 … 2個

はちみつ … 小さじ2

【プルーンの紅茶煮】

A｜ドライプルーン（種抜き）… 12個（100g）

グラニュー糖 … 大さじ2

シナモンパウダー … 小さじ½

紅茶の葉（ティーバッグ）… 3袋（6g）

水 … 200mℓ

下準備

・バターと卵は室温に戻す。

・型にオーブンシートを敷く。

作り方

1 プルーンの紅茶煮を作る。小鍋に水、ティーバッグを入れて沸騰させ、5分蒸らしてぎゅっと絞り、**A**を加えて弱火で15分煮、冷めたら半量を1.5cm角に切る。オーブンを180℃に温める。

2 ボウルにやわらかくしたバター、砂糖を入れてゴムベラで練り、ハンドミキサーの高速でふんわりするまで混ぜる。溶いた卵を大さじ1加え、ハンドミキサーの低速でよく混ぜ、残りの卵を5〜6回に分けて加え、なじむまで混ぜる。

3 粉類（ふるい入れて）、紅茶の葉を加え、ゴムベラでさっくりと混ぜ、粉っぽさが少し残るくらいで**1**のプルーン（切ったもの）、はちみつを加え、さっくりと混ぜる。

4 型に流して平らにならし、残りのプルーンを汁けをきって並べ、180℃のオーブンで45〜50分焼く（20分たっていい焼き色がついたら170℃に下げる）。

Point

プルーンの紅茶煮は、紅茶液にドライプルーン、砂糖、シナモンを加え、弱火で15分煮て作る。半量は1.5cm角に切って生地に混ぜ込み、残りはトッピングに。

Caramel
キャラメルケーキ

キャラメルはしっかりめにこがしたほうが、
甘さを感じず、大人っぽい味わいになるので私は好き。
ラム酒を牛乳にかえると、お子さんにも食べやすいですね。
有塩のくるみや塩を仕上げにふり、塩キャラメル味にしても。

材料（直径15cmの丸型1台分）

薄力粉 … 120g
ベーキングパウダー … 小さじ⅔
バター（食塩不使用）… 100g
グラニュー糖 … 70g
アーモンドパウダー … 35g*
卵 … 2個
ラム酒（または牛乳）… 大さじ1
くるみ … 8個

【キャラメルクリーム】（約120g分）

A ｜ グラニュー糖 … 60g
　 ｜ 水 … 大さじ1

生クリーム … 100mℓ

*なければ薄力粉を155gにして

下準備

・バターと卵は室温に戻す。
・型にオーブンシートを敷く。

作り方

1 キャラメルクリームを作る。小鍋に **A** を入れて強火にかけ、ふちから色づいてきたら鍋を回して混ぜ、全体が濃いこげ茶色になったら火を止める。生クリームを2回に分けて加え、そのつど耐熱のヘラで混ぜ、中火にかけて1分ほど煮詰めて冷ます。オーブンを180℃に温める。

2 ボウルにやわらかくしたバター、砂糖を入れてゴムベラで練り、ハンドミキサーの高速でふんわりするまで混ぜ、**1**のキャラメルクリームを100g加えて混ぜる。溶いた卵を大さじ1加え、ハンドミキサーの低速でよく混ぜ、残りの卵を5〜6回に分けて加え、なじむまで混ぜる。アーモンドパウダーも加えて混ぜる。

3 粉類をふるい入れ、ゴムベラでさっくりと混ぜ、粉っぽさが少し残るくらいでラム酒を加え、さっくりと混ぜる。

4 型に流して平らにならし、くるみを並べ、180℃のオーブンで45〜50分焼く（20分たっていい焼き色がついたら170℃に下げる）。粗熱がとれたら、残りのキャラメルクリームをかける。

Point.1

キャラメルは強火でこがし、濃いこげ茶色になって煙が出て、泡がブクブク早く立つようになったら火を止める。

Point.2

余熱でさらに火が入り、濃い口しょうゆくらいの色になったら、生クリームを2回に分けて加えてヘラで混ぜる。

Point.3

再び火をつけ、全体にとろみがつくまで、中火で1分ほど混ぜながら煮詰める。冷ましてから使う。

Earl Grey & Minced Chocolate

アールグレイと刻みチョコのケーキ

チョコレートと柑橘の組み合わせが好き。アールグレイを加えることで、
柑橘系のベルガモットの香りであと味がすっきりします。
あれば、オレンジの皮のすりおろしやグランマニエを入れると、
香りがよくなって、さらにおすすめです。

材料（直径15cmの丸型1台分）

> 薄力粉 … 160g
> ベーキングパウダー … 小さじ1

紅茶の葉（ティーバッグ・アールグレイ）
　… 2袋（4g）
バター（食塩不使用）… 110g
グラニュー糖 … 100g
卵 … 2個
牛乳 … 80mℓ
製菓用チョコレート（ビター）… 50g＊
＊板チョコ（ブラック）でもOK

下準備

・バターと卵は室温に戻す。
・チョコレートは5mm角に刻む。
・型にオーブンシートを敷く。
・オーブンを180℃に温める。

作り方

1 ボウルにやわらかくしたバター、砂糖を入れて
ゴムベラで練り、ハンドミキサーの高速でふん
わりするまで混ぜる。溶いた卵を大さじ1加え、
ハンドミキサーの低速でよく混ぜ、残りの卵を
5〜6回に分けて加え、なじむまで混ぜる。

2 粉類の半量をふるい入れ、ゴムベラでさっくり
と混ぜ、粉っぽさが少し残るくらいで牛乳を加
え、さっくりと混ぜる。残りの粉類（ふるい入
れて）、紅茶の葉（小さじ1残して）、チョコレー
トを加え、さっくりと混ぜる。

3 型に流して平らにならし、残りの紅茶の葉をふ
り、180℃のオーブンで45〜50分焼く（20分た
っていい焼き色がついたら170℃に下げる）。

アールグレイ

柑橘系の果実であるベルガモットのさわやかな香りをつけた紅茶・アールグレイ。写真はそれにオレンジやレモンの香りをつけた「レディグレイ」で、よりおすすめ。焼いたあとも香りが残るので、こっくりとした焼き菓子と相性抜群。

製菓用チョコレート（ビター）

チョコレートはカカオ分60％以上のものを使うと、風味がしっかり出て美味。「グアナラ」はカカオ分70％ですが、酸味と苦みのバランスがよくて気に入っています。「ヴァローナフェーブ　グアナラ」（富）⇒入手先は88ページ

Baked Sweet Potato & Rum Raisin

焼きいもとラムレーズンのケーキ

焼きいものねっとりとしたおいしさを生地に加えると、
まるでクリームが入っているような、しっとり感のあるケーキに。
ラムレーズンを合わせ、大人っぽいフランス菓子風にしました。
ブラウンシュガーで、こっくりとした甘さに焼き上げます。

材料(直径15cmの丸型1台分)

> 薄力粉 … 120g
> ベーキングパウダー … 小さじ⅔

バター(食塩不使用)… 120g
ブラウンシュガー(またはきび砂糖)… 100g
卵 … 2個
さつまいも … 小1本(180g)*
【ラムレーズン】
レーズン … 大さじ3
ラム酒 … 大さじ2
＊市販の焼きいも小1本(150g)でもOK

下準備

・バターと卵は室温に戻す。
・レーズンは熱湯を回しかけて湯をきり、
　ラム酒をふって30分以上おく
　(半日～1日おくとよりおいしい)。
・型にオーブンシートを敷く。

作り方

1 さつまいもは洗って水がついたままアルミホイルで包み、オーブンに入れて180℃で50～60分焼いて焼きいもにし、150g分を用意して皮をむき、3cm角に切る。オーブンを180℃に温める。

2 ボウルにやわらかくしたバター、砂糖を入れてゴムベラで練り、ハンドミキサーの高速でふんわりするまで混ぜる。溶いた卵を大さじ1加え、ハンドミキサーの低速でよく混ぜ、残りの卵を5～6回に分けて加え、なじむまで混ぜる。

3 粉類をふるい入れ、ゴムベラでさっくりと混ぜ、粉っぽさが少し残るくらいでラムレーズンを加え、さっくりと混ぜる。

4 型に流して平らにならし、**1**の焼きいもを散らしてスプーンで軽く押し込み、180℃のオーブンで45～50分焼く(20分たっていい焼き色がついたら170℃に下げる)。

ブラウンシュガー

キャラメル風のコクのある甘みが特徴のブラウンシュガー。バナナのほか、いちじくなどのドライフルーツを使った焼き菓子と合わせると、深みのある味に仕上がる。「山口製糖 ブラウン・シュガー」(富)⇒入手先は88ページ

Dried Apricot & Almond Crumble

ドライあんずと
アーモンドクランブルのケーキ

さっと煮たドライあんずのやわらかさ、クランブルのさくさく感、
ふたつの食感の組み合わせが楽しいケーキです。
クランブルは細かすぎると、焼いた時に溶けてしまうので、
手でにぎってはくずし、大きめの粒を残すのがコツです。

材料（直径15cmの丸型1台分）
薄力粉 … 120g
ベーキングパウダー … 小さじ⅔
バター（食塩不使用）… 120g
きび砂糖 … 100g
卵 … 2個
【ドライあんずの甘煮】
A ドライあんず（アプリコット）… 10個（100g）
グラニュー糖 … 80g
【アーモンドクランブル】
薄力粉 … 30g
アーモンドパウダー … 20g
きび砂糖 … 20g
バター（食塩不使用）… 20g

下準備
・バターと卵は室温に戻す。
・クランブル用のバターは1cm角に切り、
　冷蔵室で冷やしておく。
・型にオーブンシートを敷く。

作り方

1 ドライあんずの甘煮を作る。小鍋にA、ひたひたの水を入れ、弱めの中火で落としぶたをして20分ほど煮、冷めたら6等分に切る。

2 アーモンドクランブルを作る。ボウルに材料を入れ、カードでバターを細かく刻み、両手ですりつぶしてそぼろ状にし、冷凍室で冷やしておく。オーブンを180℃に温める。

3 ボウルにやわらかくしたバター、砂糖を入れてゴムベラで練り、ハンドミキサーの高速でふんわりするまで混ぜる。溶いた卵を大さじ1加え、ハンドミキサーの低速でよく混ぜ、残りの卵を5〜6回に分けて加え、なじむまで混ぜる。

4 粉類をふるい入れ、ゴムベラでさっくりと、粉っぽさがなくなるまで混ぜる。

5 型に流して平らにならし、1のあんずを散らしてスプーンで軽く押し込み、2のクランブルを散らし、180℃のオーブンで45〜50分焼く（20分たっていい焼き色がついたら170℃に下げる）。

Point.1

ボウルにクランブルの材料をすべて入れ、カードでバターを刻んで米粒大にする。

Point.2

両手の指先でバターをすりつぶし、粉類となじませて細かくしていく。

Point.3

ぎゅっとにぎってはくずすのをくり返し、大小が混じったそぼろ状にする。

Dried Fig & Marmalade

ドライいちじくとマーマレードのケーキ

プチプチした食感、コクのある甘さのドライいちじくを、
赤ワインで煮て、しっとりと奥深い味わいにしました。
マーマレードは生地に加えたら、かたまりが残るように
ざっと混ぜて。マーマレードなしで作ってもおいしいです。

材料（直径15cmの丸型1台分）
| 薄力粉 … 120g
| ベーキングパウダー … 小さじ2/3
バター（食塩不使用）… 120g
きび砂糖 … 90g
卵 … 2個
オレンジマーマレード … 大さじ3（60g）
【ドライいちじくの赤ワイン煮】
ドライいちじく … 大5個（100g）
赤ワイン … 200mℓ
グラニュー糖（またはきび砂糖）… 大さじ2

下準備
・バターと卵は室温に戻す。
・型にオーブンシートを敷く。

作り方

1 ドライいちじくの赤ワイン煮を作る。いちじくは熱湯を回しかけて湯をきり、小鍋にその他の材料とともに入れ、ふたをして中火で煮汁に少しとろみがつくまで10分ほど煮、冷めたら2cm角に切る。オーブンを180℃に温める。

2 ボウルにやわらかくしたバター、砂糖を入れてゴムベラで練り、ハンドミキサーの高速でふんわりするまで混ぜる。溶いた卵を大さじ1加え、ハンドミキサーの低速でよく混ぜ、残りの卵を5〜6回に分けて加え、なじむまで混ぜる。

3 粉類をふるい入れ、ゴムベラでさっくりと粉っぽさがなくなるまで混ぜ、マーマレードの半量を加えて2〜3回混ぜ、大さじ2を取り分ける。

4 型に流して平らにならし、1のいちじくを散らしてスプーンで軽く押し込み、取り分けた生地を全体に広げ、残りのマーマレードを7〜8か所にのせる。180℃のオーブンで45〜50分焼く（20分たっていい焼き色がついたら170℃に下げる）。

Point.1

ドライいちじくは赤ワイン、砂糖とともに小鍋に入れ、中火で煮汁に少しとろみがつくまで10分煮る。

＊ドライいちじくの赤ワイン煮は多めに作り、ヨーグルトやチーズ、パンと合わせて食べるのもおすすめ

Point.2

型に生地を流して平らにならしたら、いちじく煮を散らしてスプーンで軽く押し込む。

Point.3

残しておいた生地をいちじくの上に広げ、残りのマーマレードを7〜8か所にのせる。

Light and Moist

バターの風味を生かしつつ、サワークリームを少し加えることで、
どこか軽さのある、すっきりとしたあと味の生地に仕上げました。
サワークリームは、生地を少し混ぜてから加えてなじみやすく。
軽い味わいなので、生のりんごやブルーベリー、いちごのほか、
こっくりとしたチョコチップを合わせても重たくなりません。

Lemon
レモンケーキ

サワークリーム入りの軽めの生地に、レモン果汁の酸味と
レモンの皮のほろ苦さを混ぜ込んだ、さわやかなケーキです。
レモンアイシングをかけ、レモンの皮も散らしてかわいらしく。
砂糖の一部や全量を粉砂糖にすると、さらに軽い味わいに。

レモンケーキ

材料（直径 15cm の丸型 1 台分）

薄力粉 … 130g

ベーキングパウダー … 小さじ⅔

バター（食塩不使用）… 100g

グラニュー糖（または粉砂糖）…100g

卵 … 2個

サワークリーム … 60g

レモン汁 … 小さじ2

レモンの皮（ワックス不使用のもの）の
すりおろし … ¼個分

【レモンアイシング】

粉砂糖 … 80g

レモン汁 … 大さじ1

飾り用のレモンの皮（ワックス不使用のもの）の
せん切り … 適量

下準備

・バター、卵、サワークリームは室温に戻す。

・型にオーブンシートを敷く。

・オーブンを180℃に温める。

① バターと砂糖を混ぜる

ボウルにやわらかくしたバター、砂糖を入れ、ゴムベラで練ってなじませる。

ハンドミキサーの高速で、白っぽくふんわりするまで混ぜる。

＊泡立て器で、空気をしっかり含ませるように混ぜてもいい。ハンドミキサーだと、空気が入ってより軽く仕上がる

④ サワークリームを加える

粉っぽさが少し残るくらいで大さじ1を取り分け、やわらかくしたサワークリームに加え、ゴムベラでしっかり混ぜる。

生地のボウルに戻し入れ、さっと混ぜる。

＊混ざりきらなくてOK

② 卵を加える

溶いた卵を大さじ1加え、

＊卵が冷たいと分離しやすいので、しっかり室温に戻して

ハンドミキサーの低速で、なじむまで1分混ぜる。

＊先に卵を少し加えてしっかり混ぜると、生地が分離しにくくなる
⇒分離した時の対処法は11ページへ

残りの卵を5〜6回に分けて加え、そのつどハンドミキサーの低速でなじむまで混ぜる。

＊低速でやさしく混ぜ、混ぜすぎないように

③ 粉類を半量加える

粉類の半量をふるい入れ、ゴムベラで切るようにさっくりと、底から返すようにして軽く混ぜる。

＊ボウルを逆方向に回しながらするといい

⑤ 残りの粉類を加える

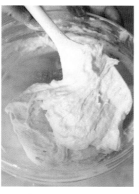

残りの粉類（ふるい入れて）、レモン汁、レモンの皮を加え、ゴムベラで切るようにさっくりと、底から返すように混ぜる。

＊ボウルを逆方向に回しながらするといい

粉っぽさがなくなったら、底から返すようにしてさらに15回ほど混ぜる。

＊しっかり混ぜることで、生地の中の余分な空気が抜け、キメ細かい焼き上がりに

⑥ 焼く

型に流して平らにならし、まん中がふくらむので中央を少しへこませ、180℃のオーブンで45〜50分焼く（20分たっていい焼き色がついたら170℃に下げる）。

＊中央に竹串を刺し、どろっとした生地がつかなければOK。粗熱がとれたら型から出す

⑦ アイシングをかける

粗熱がとれたら、粉砂糖にレモン汁を少しずつ加えてスプーンで練り、ゆっくり落ちるくらいにしたアイシング（69ページ参照）をかけ、レモンの皮を散らす。

Apple & Camembert Cheese

りんごとカマンベールのケーキ

りんごの甘酸っぱさと、カマンベールの塩けを合わせた、
少し甘じょっぱいケーキです。りんごはもっと多めに入れても、
生地が水分を含んでおいしい。いちじくなどのドライフルーツや
ブルーチーズで作ったり、くるみなどのナッツを散らしても。

材料（直径15cmの丸型1台分）
- 薄力粉 … 130g
- ベーキングパウダー … 小さじ⅔
- バター（食塩不使用）… 100g
- グラニュー糖 … 90g
- 卵 … 2個
- サワークリーム … 50g
- りんご（あれば紅玉）… ½個（正味100g）
- カマンベールチーズ … 1個（100g）
- パルメザンチーズ（すりおろす）… 大さじ1

下準備
- バター、卵、サワークリームは室温に戻す。
- りんご（皮ごと）とカマンベールチーズは
  1.5cm角に切る。
- 型にオーブンシートを敷く。
- オーブンを180℃に温める。

作り方

1 ボウルにやわらかくしたバター、砂糖を入れて
ゴムベラで練り、ハンドミキサーの高速でふん
わりするまで混ぜる。溶いた卵を大さじ1加え、
ハンドミキサーの低速でよく混ぜ、残りの卵を
5〜6回に分けて加え、なじむまで混ぜる。

2 粉類の半量をふるい入れ、ゴムベラでさっくり
と混ぜ、大さじ1を取り分けてサワークリーム
に加えて混ぜ、元のボウルに戻してさっと混ぜ
る。残りの粉類をふるい入れてさっくりと混ぜ、
粉っぽさが少し残るくらいでりんごとカマンベー
ルの半量を加え、さっくりと混ぜる。

3 型に流して平らにならし、残りのりんごとカマン
ベールを散らしてパルメザンチーズをふり、
180℃のオーブンで45〜50分焼く（20分たって
いい焼き色がついたら170℃に下げる）。

Blueberry & Poppy Seed

ブルーベリーとポピーシードのケーキ

私が昔から作っている、サワークリーム生地の定番レシピです。
ブルーベリーをたっぷり入れ、ジューシーでさわやかにし、
アイシングをかけることで、甘みをプラスするのがポイント。
ポピーシードのプチプチした食感がいいアクセントです。

材料（直径15cmの丸型1台分）
薄力粉 … 150g
ベーキングパウダー … 小さじ1
バター（食塩不使用）… 100g
グラニュー糖 … 100g
卵 … 2個
サワークリーム … 50g
レモンの皮（ワックス不使用のもの）の
　すりおろし … ½個分
ポピーシード（ブルー）… 大さじ1½
ブルーベリー（冷凍でもOK）… 120g
【 レモンアイシング 】
粉砂糖 … 50g
レモン汁 … 小さじ1½

下準備
・バター、卵、サワークリームは室温に戻す。
・型にオーブンシートを敷く。
・オーブンを180℃に温める。

作り方

1 ボウルにやわらかくしたバター、砂糖を入れてゴムベラで練り、ハンドミキサーの高速でふんわりするまで混ぜる。溶いた卵を大さじ1加え、ハンドミキサーの低速でよく混ぜ、残りの卵を5〜6回に分けて加え、なじむまで混ぜる。

2 粉類の半量をふるい入れ、ゴムベラでさっくりと混ぜ、大さじ1を取り分けてサワークリームに加えて混ぜ、元のボウルに戻してさっと混ぜる。残りの粉類（ふるい入れて）、レモンの皮、ポピーシードを加え、さっくりと混ぜる。

3 型に⅔量を流して平らにならし、ブルーベリー（冷凍なら凍ったまま）の半量を散らし、残りの生地を全体に広げ、残りのブルーベリーを散らす。180℃のオーブンで45〜50分焼く（20分たっていい焼き色がついたら170℃に下げる）。

4 粗熱がとれたら、粉砂糖にレモン汁を少しずつ加えてスプーンで練り、ゆっくり落ちるくらいにしたアイシング（69ページ参照）をかける。

＊冷凍ブルーベリーの場合は、焼き時間を5分長くして

ポピーシード

ケシ科の植物の種子で、青と白があり、プチプチした食感が魅力。バナナやブルーベリーのマフィン、クリームチーズのクッキーなどに混ぜてもよく合う。「けしの実　青」（富）
⇒入手先は88ページ

Raspberry Marble

Coffee & White Chocolate Marble

ラズベリー
マーブルケーキ

ラズベリー生地とレモンの酸味が香る生地を
マーブル模様に。ややくすんだピンク色の
ラズベリーの表情がかわいいです。

コーヒーとホワイトチョコの
マーブルケーキ

カフェモカっぽい生地は、シナモンの香りが
絶妙なアクセント。ホワイトチョコは大きめに刻み、
少しかたまりを残すほうがおいしいです。

ラズベリーマーブルケーキ

材料（直径15cmの丸型1台分）

　薄力粉 … 150g

　ベーキングパウダー … 小さじ1

バター（食塩不使用）… 100g

グラニュー糖 … 100g

卵 … 2個

サワークリーム … 50g

レモン汁 … 小さじ1

レモンの皮（ワックス不使用のもの）の

　すりおろし … ½個分

ラズベリー（冷凍）… 15〜20個

【ラズベリーソース】

ラズベリー（冷凍）… 80g

グラニュー糖 … 大さじ1½

下準備

・バター、卵、サワークリームは室温に戻す。

・型にオーブンシートを敷く。

作り方

1 ラズベリーソースを作る。ラズベリーは耐熱ボウルに入れて砂糖をまぶし、ラップをかけずに電子レンジで2分加熱してスプーンでつぶし、さらに1分加熱してざるで種をこし、再び1分加熱して冷ます。オーブンを180℃に温める。

2 ボウルにやわらかくしたバター、砂糖を入れてゴムベラで練り、ハンドミキサーの高速でふんわりするまで混ぜる。溶いた卵を大さじ1加え、ハンドミキサーの低速でよく混ぜ、残りの卵を5〜6回に分けて加え、なじむまで混ぜる。

3 粉類の半量をふるい入れ、ゴムベラでさっくりと混ぜ、大さじ1を取り分けてサワークリームに加えて混ぜ、元のボウルに戻してさっと混ぜる。残りの粉類（ふるい入れて）、レモン汁、レモンの皮を加え、さっくりと混ぜる。

4 小さめのボウルに⅓量を取り分け、**1**を大さじ2½加えてゴムベラでよく混ぜ、残りの生地に戻し入れ、底から大きく2回混ぜる（**a**）。

5 型に⅔量を流してさっとならし、ラズベリーを凍ったまま散らし（**b**）、残りの生地を流してそっとならす。180℃のオーブンで45〜50分焼く（20分たっていい焼き色なら170℃に下げる）。

a　　　　　　　　　　b

コーヒーとホワイトチョコのマーブルケーキ

材料（直径15cmの丸型1台分）

　薄力粉 … 130g

　ベーキングパウダー … 小さじ⅔

バター（食塩不使用）… 100g

グラニュー糖 … 90g

卵 … 2個

サワークリーム … 50g

A　インスタントコーヒー … 大さじ1

　　熱湯 … 小さじ1

シナモンパウダー … 小さじ⅓

板チョコ（ホワイト）… 30g

下準備

・上と同じ

作り方

1 生地の作り方は、上の**2**、**3**と同じ（レモン汁とレモンの皮はなし）。生地を半量ずつ分け、それぞれに混ぜた**A**とシナモン、1cm角に刻んだホワイトチョコを混ぜる。ホワイトチョコ生地のほうにコーヒー生地を加え、底から大きく2回混ぜ、型に流してそっと平らにならし、焼き時間は上と同じ。

Apple Upside

りんごの
アップサイドダウンケーキ

型の底にキャラメルソースとりんごを敷き、上から生地を流し、
焼いたあとにひっくり返すタルト・タタン風のケーキ。
生地はアーモンドパウダーでコクを出し、キャラメルは焼くと
色が濃くなるので、仕上がりより一段薄い茶色にとどめます。

材料（直径15cmの丸型1台分）
> 薄力粉 … 130g
> ベーキングパウダー … 小さじ⅔
バター（食塩不使用）… 100g
きび砂糖（またはグラニュー糖）… 90g
アーモンドパウダー … 30g
卵 … 2個
サワークリーム … 50g
【キャラメルソース】
グラニュー糖 … 50g
水 … 小さじ2
【りんごのソテー】
りんご（あれば紅玉）… 1個（200g）
グラニュー糖 … 大さじ2
バター（食塩不使用）… 小さじ1

下準備
・バター、卵、サワークリームは室温に戻す。
・りんごは皮をむき、1.5cm幅のくし形に切る。

作り方

1 キャラメルソースを作る。鍋に材料を入れて強火にかけ、ふちから色づいてきたら鍋を回して混ぜ、薄い茶色になったら火を止め、型に流して冷ます。型の側面にオーブンシートを敷く。

2 りんごのソテーを作る。同じ鍋（洗わずに）に材料をすべて入れて中火にかけ、りんごが少ししんなりして汁けがほぼなくなるまで炒め、粗熱がとれたら1の型に少し重ねながらすき間なく並べる。オーブンを180℃に温める。

3 ボウルにやわらかくしたバター、砂糖を入れてゴムベラで練り、ハンドミキサーの高速でふんわりするまで混ぜ、アーモンドパウダーを加えて混ぜる。溶いた卵を大さじ1加え、ハンドミキサーの低速でよく混ぜ、残りの卵を5〜6回に分けて加え、なじむまで混ぜる。

4 粉類の半量をふるい入れ、ゴムベラでさっくりと混ぜ、大さじ1を取り分けてサワークリームに加えて混ぜ、元のボウルに戻してさっと混ぜる。残りの粉類をふるい入れ、さっくりと混ぜる。

5 2の型に流し、中央を少しへこませ、180℃のオーブンで45〜50分焼く（20分たっていい焼き色がついたら170℃に下げる）。型ごと常温でひと晩冷まし、底を湯にさっとつけてキャラメルを溶かし、皿をかぶせてひっくり返して出す。

＊底がとれる丸型を使う場合は、底全体をアルミホイルで包んで（87ページ参照）
＊ひと晩冷まさないと、キャラメルが固まらないので注意

Point.1

キャラメルソースは薄い茶色で火を止め、型に流す。このあとケーキを焼く時にも火が入るので、こがすのは浅めに。

Point.2

鍋を洗わずに使い、キャラメルソースの残りにりんご、砂糖、バターを加えて炒める。汁けがほぼなくなるまで。

Point.3

側面にだけオーブンシートを敷いた型に、りんごを少し重ねながらすき間なく並べる。あまったら2段に重ねて。

Soft and Smooth

❴ Chapter 3 │ ふんわりパウンドケーキ ❵

ベーキングパウダーを使わずに、メレンゲの力で生地をふくらませる、
別立てのケーキです。ふんわりしていて、フルーツがとてもよく合う生地。
水分を吸収しやすいのが特徴なので、焼き上がったらシロップをかけ、
フルーツの香りをたっぷりしみ込ませるとおいしい。
何も入れずに焼いても、バターの香りが香ばしい生地です。

Grapefruit
グレープフルーツケーキ

グレープフルーツは、砂糖でマリネしてから上にのせて焼くと、
ほどよく水分がとび、味が凝縮してさらにおいしくなります。
生地にはシロップ煮を加えて、日にちがたってもしっとりしたままに。
かわいいのでピンクグレープフルーツにしましたが、黄色のもので作っても。

グレープフルーツケーキ

材料（直径15cmの丸型1台分）

薄力粉 … 140g

バター（食塩不使用）… 120g

グラニュー糖 … 50g

卵黄 … 2個分

【メレンゲ】

卵白 … 2個分

グラニュー糖 … 50g

【グレープフルーツのシロップ煮】

グレープフルーツ（ルビー）… 1½個

グラニュー糖 … 50g

グランマニエ … 大さじ1

A｜グラニュー糖 … 大さじ1

　｜グランマニエ … 少々

飾り用の粉砂糖（あれば）… 適量

下準備

・バターは室温に戻す。

・型にオーブンシートを敷く。

グランマニエ

コニャックをベースにしたオレンジのリキュールで、オレンジの強い香りと苦みを持つ。ラム酒以外に1本持つならこれを。チョコやキャラメルのお菓子、ショートケーキの生クリームに加えてもよく合う。

Point

底がとれない丸型でトッピングがくずれやすいケーキを焼く時は、アルミホイルをたたんで帯状にしたものを型に十字に置き、その上にオーブンシートを敷く。これでケーキをスムーズに取り出せる。

1 グレープフルーツを煮る

グレープフルーツはヘタと底を切り落とし、ナイフで縦に皮をむき、ひと房ずつ薄皮にV字に切り込みを入れて実を取り出す。大きいものは厚みを半分に切る。

トッピング用10切れは取り分け、**A**であえる。残りは小鍋に砂糖とともに入れ、中火で混ぜながら5分煮詰め、グランマニエを加えて冷まし、60g分を用意する。オーブンを180℃に温める。

5 粉⇒メレンゲ⇒粉の順に加える

粉の半量をふるい入れ、

ゴムベラで切るようにさっくりと、底から返すようにして混ぜる。

＊ボウルを逆方向に回しながらするといい

② バターと
砂糖を混ぜる

ボウルにやわらかくしたバター、砂糖を入れ、泡立て器で白っぽくふんわりするまですり混ぜる。

③ 卵黄を加える

卵黄を1個分ずつ加え、そのつどふわっとするまでよく混ぜる。

④ メレンゲを加える

別のボウルに卵白を入れ、ハンドミキサーの高速で泡立てる。白っぽくなってもこもこしてきたら砂糖を3〜4回に分けて加え、すくった時に先が少しおじぎするくらいのメレンゲを作る。

メレンゲの⅓量を卵黄生地に加え、泡立て器ですくっては落とすようにして、さっくりと混ぜる。

＊メレンゲの白い筋が少し残っていてOK

残りのメレンゲを加え、底から返すようにさっくりと混ぜ、メレンゲの白い筋が少し残っているくらいで残りの粉をふるい入れ、さっと混ぜる。

＊粉っぽさがまだ少し残っているくらい、さっとでいい

⑥ グレープフルーツを加える

グレープフルーツのシロップ煮を加え、ゴムベラで切るようにさっくりと、底から返すように混ぜる。

⑦ 焼く

型に流して平らにならし、トッピング用のグレープフルーツを並べ（汁はとっておく）、

＊焼くとまん中がふくらむので、ならす時は中央を少しへこませるといい

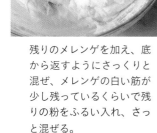

180℃のオーブンで60分ほど焼く（20分たっていい焼き色がついたら170℃に下げる）。熱いうちにトッピング用のグレープフルーツの汁を塗り、完全に冷めたら粉砂糖をふる。

＊中央に竹串を刺し、どろっとした生地がつかなければOK。粗熱がとれたら型から出す

Orange Syrup

オレンジシロップケーキ

オレンジの香りに、アーモンドパウダーのコクを加えた、
お気に入りの組み合わせ。アーモンドパウダー入りの生地は、
香りがよくて、少しほろっとした食感も魅力です。
国産の清見オレンジや、ネーブルのシーズンにもぜひ。

材料（直径15cmの丸型1台分）
薄力粉 … 120g
バター（食塩不使用）… 120g
グラニュー糖 … 45g
卵黄 … 2個分
アーモンドパウダー … 大さじ2
オレンジの皮（ワックス不使用のもの）の
　　すりおろし（あれば）… ½個分
【メレンゲ】
卵白 … 2個分
グラニュー糖 … 45g
【オレンジのシロップ煮】
オレンジ（ワックス不使用のもの）… 1個
A ┃ グラニュー糖 … 大さじ1
　 ┃ グランマニエ（40ページ参照）… 大さじ1
　 ┃ 水 … 大さじ2
飾り用のローズマリー（生・あれば）… 1本

下準備
・バターは室温に戻す。
・型にオーブンシートを敷く。
・オーブンを180℃に温める。

作り方

1 ボウルにやわらかくしたバター、砂糖を入れて泡立て器ですり混ぜ、卵黄（1個分ずつ）⇒アーモンドパウダーとオレンジの皮の順に加え、そのつどよく混ぜる。

2 別のボウルに卵白を入れ、ハンドミキサーの高速で泡立て、砂糖を3〜4回に分けて加えて先が少しおじぎするくらいのメレンゲを作る。

3 メレンゲの⅓量を**1**に加え、泡立て器でさっくりと混ぜ、粉の半量（ふるい入れて）⇒残りのメレンゲ⇒残りの粉（ふるい入れて）の順に加え、そのつどゴムベラでさっくりと混ぜる。

4 型に流して平らにならし、180℃のオーブンで50分ほど焼く（20分たっていい焼き色がついたら170℃に下げる）。

5 オレンジのシロップ煮を作る。オレンジは皮ごとまん中から3mm厚さの輪切りを5枚とり、残りを絞って絞り汁50mℓを用意する。小鍋に**A**とともに入れ、弱めの中火でスライスの白い部分が少し透き通るまで7〜8分煮、冷ます。

6 ケーキが熱いうちに**5**のシロップを全体にはけで塗り、オレンジを並べ、ローズマリーを飾る。

Point

オレンジのシロップ煮は、小鍋に材料をすべて入れて火にかけ、皮の下の白いわたの部分が少し透き通るまで7〜8分煮る。シロップは、大さじ3くらいをケーキに塗る。

Jasmine Tea & Pineapple

ジャスミンティーとパイナップルのケーキ

ソルベでもおいしいパイナップル＆ジャスミンティーの組み合わせを
ケーキにとじ込めて。ジャスミンの香りのあとにパイナップルの甘さが続く、
どこか台湾っぽい味わいです。パイナップルは半量を生地に混ぜ、
残りは表面に散らして焼き、どこを食べても感じられるようにしました。

材料（直径15cmの丸型1台分）

薄力粉 … 120g

ジャスミンティーの茶葉（ティーバッグ）
　… 1袋（3g）

バター（食塩不使用）… 120g

グラニュー糖 … 45g

卵黄 … 2個分

【メレンゲ】

卵白 … 2個分

グラニュー糖 … 45g

【パイナップルのジャスミンティー煮】

パイナップル … ¼個（正味150g）

はちみつ … 小さじ1

A ｜ ジャスミンティーの茶葉（ティーバッグ）
　　 … 1袋（3g）
　｜ 水 … 100mℓ

グラニュー糖 … 大さじ1

下準備

・バターは室温に戻す。

・パイナップルは1.5cm角に切る。

・型にオーブンシートを敷く。

作り方

1 パイナップルのジャスミンティー煮を作る。小鍋に **A** を入れて沸騰させ、5分蒸らしてぎゅっと絞り、砂糖を混ぜてジャスミンティー液80mℓを用意する。これにパイナップル、はちみつを加え、中火で5分煮詰めて冷ます。オーブンを180℃に温める。

2 ボウルにやわらかくしたバター、砂糖を入れて泡立て器ですり混ぜ、卵黄を1個分ずつ加え、そのつどよく混ぜる。

3 別のボウルに卵白を入れ、ハンドミキサーの高速で泡立て、砂糖を3〜4回に分けて加えて先が少しおじぎするくらいのメレンゲを作る。

4 メレンゲの⅓量を**2**に加え、泡立て器でさっくりと混ぜ、粉の半量（ふるい入れて）⇒残りのメレンゲの順に加え、そのつどゴムベラでさっくりと混ぜる。残りの粉（ふるい入れて）、茶葉を加えてさっと混ぜ、**1**のパイナップルの半量（汁けをきって）を加え、さっくりと混ぜる。

5 型に流して平らにならし、残りのパイナップルを汁けをきって散らし、180℃のオーブンで50分ほど焼く（20分たっていい焼き色がついたら170℃に下げる）。熱いうちに**1**のシロップを全体にはけで塗る。

ジャスミンティー

ジャスミンティーは中国名を「茉莉花（モリファ）茶」といい、甘くさわやかなジャスミンの花の香りを緑茶などにつけたフレーバーティー。ゼリーやパンナコッタに紅茶のかわりに使うと中華風のデザートに。

Bing Cherry
アメリカンチェリーのケーキ

中に混ぜ込んだアメリカンチェリーは、焼いても色があせず、
酸味がより立って、バターたっぷりの生地の中でいいアクセントに。
3〜4日たつと、キルシュのアルコール分がとんで生地となじみ、
さらに食べやすく、おいしくなります。
こっくりとミルキーなマスカルポーネのクリームを合わせました。

材料（直径15cmの丸型1台分）

薄力粉 … 120g

バター（食塩不使用）… 120g

グラニュー糖 … 45g

卵黄 … 2個分

アーモンドパウダー … 大さじ2

【メレンゲ】

　卵白 … 2個分

　グラニュー糖 … 45g

アメリカンチェリー … 18個（180g）

A ｜ グラニュー糖 … 大さじ1

　　｜ キルシュ … 大さじ1

【シロップ】

グラニュー糖 … 大さじ1

キルシュ … 大さじ1

水 … 20mℓ

【クリーム】

マスカルポーネチーズ … 125g

グラニュー糖 … 小さじ2

下準備

・バターは室温に戻す。

・シロップの材料はひと煮立ちさせ、冷ます。

・チェリーは種を除いて縦半分に切り、
　トッピング用8個分は取り分けて **A** をからめる。

・型にオーブンシートを敷く。

・オーブンを180℃に温める。

作り方

1 ボウルにやわらかくしたバター、砂糖を入れて泡立て器ですり混ぜ、卵黄（1個分ずつ）⇒アーモンドパウダーの順に加え、そのつどよく混ぜる。

2 別のボウルに卵白を入れ、ハンドミキサーの高速で泡立て、砂糖を3〜4回に分けて加えて先が少しおじぎするくらいのメレンゲを作る。

3 メレンゲの1/3量を**1**に加え、泡立て器でさっくりと混ぜ、粉の半量（ふるい入れて）⇒残りのメレンゲの順に加え、そのつどゴムベラでさっくりと混ぜる。残りの粉をふるい入れてさっと混ぜ、チェリーを加えてさっくりと混ぜる。

4 型に流して平らにならし、180℃のオーブンで50分ほど焼く（20分たっていい焼き色がついたら170℃に下げる）。熱いうちにシロップを全体にはけで塗り、完全に冷めたら混ぜたクリーム、トッピング用のチェリーをのせる。

Point

チェリーの種は、ヘタをとってそこからタピオカ用などの太いストローを刺し、ストローをくるっと回して、すくいとるように抜いて除く。

キルシュ

さくらんぼを種子ごとつぶし、発酵させた蒸留酒。生クリームやヨーグルトを使った冷菓、いちごなどベリー系のお菓子にもよく合う、上品な香りのリキュール。

Sachertorte

ザッハトルテ

ウィーンの銘菓。砂糖がシャリシャリと固まったチョコのグラサージュ（糖衣）は、
上級者向きですが、あんずジャム、メレンゲ入りのケーキとの相性は抜群。
私の大好きなケーキなので、ぜひトライしてもらいたいです。
しっかりと甘いので、無糖のホイップクリームを添えてどうぞ。

材料（直径15cmの丸型1台分）

薄力粉 … 50g
ココア … 10g
バター（食塩不使用）… 60g
グラニュー糖 … 35g
卵黄 … 3個分
製菓用チョコレート（ビター）… 60g*

【メレンゲ】
卵白 … 3個分
グラニュー糖 … 45g

A｜アプリコットジャム … 100g**
　｜水 … 小さじ2

【チョコレートの上がけ】
製菓用チョコレート（ビター）… 100g*

B｜グラニュー糖 … 80g
　｜水 … 40mℓ

*18ページ参照
**果肉がごろっとしていなくて、なめらかなもの

下準備

・バターは室温に戻す。
・チョコレートは、それぞれ細かく刻む。
・Aは混ぜておく。
・型にオーブンシートを敷く。
・オーブンを170℃に温める。

作り方

1 ボウルに生地用のチョコレートを入れ、湯せん（ボウルの底に熱湯をあてる）にかけて溶かす。

2 別のボウルにやわらかくしたバター、砂糖を入れて泡立て器ですり混ぜ、卵黄（1個分ずつ）⇒ 1のチョコ（人肌くらいの温度にしたもの）の順に加え、そのつどよく混ぜる。

3 別のボウルに卵白、砂糖を入れ、ハンドミキサーの高速で泡立て、先がペタンと倒れるゆるめのメレンゲを作り、低速でキメを整える。

4 メレンゲの1/3量を2に加え、泡立て器でぐるぐるっと混ぜ、残りのメレンゲ（2回に分けて）⇒ 粉類（ふるい入れて）の順に加え、そのつどゴムベラでさっくりと混ぜる。粉っぽさがなくなったら、底から返すようにさらに15回混ぜる。

5 型に流して平らにならし、170℃のオーブンで40〜45分焼き、完全に冷めたら厚みを半分に切り、上半分は断面を上にする。Aをラップをかけずに電子レンジで30秒加熱し、断面と上面、側面に均一に塗る。

6 チョコの上がけを作る。直径15cmの鍋にBを入れ、耐熱のヘラでざっと混ぜて火にかけ、沸騰したら火を止め、チョコを加えて溶かす。再び中火にかけて絶えず混ぜ、ツヤと粘度が出るまで3分30秒加熱し、火を止めて鍋肌に押しつけながら1分30秒すり混ぜる。粘度が増したら5にかけ、パレットナイフで手早く全体にのばす。

Point.1
チョコレートの上がけは、小鍋に砂糖、水を入れて火にかけ、沸騰したら火を止め、チョコを加えて混ぜて溶かす。

Point.2
中火でフツフツさせつつ絶えず混ぜながら3分30秒加熱し、ツヤが出てはちみつくらいのかたさになったら火を止める。

Point.3
鍋肌に押しつけるようにして1分30秒すり混ぜて冷まし、粘度が増したらケーキの上面⇒側面の順に手早くのばす。

Crispy and Crumbly

溶かしたバターを加え、泡立て器でぐるぐる混ぜていくだけの、
とても手軽に作れるマフィン風の生地です。
ヨーグルトをそのまま、または水きりしてたっぷり加えるレシピは、
表面はさくっと香ばしく、中はしっとりほろりと焼き上がります。
マフィン風とはいっても、パウンドケーキに近いリッチな配合にしました。

Maple Syrup & Walnut
メープルとくるみのケーキ

メープルのやさしい甘さと、ブラウンシュガーのコクが広がる、
素朴な味わいのケーキです。シンプルなのでアレンジも自在で、
シナモン、ナツメグ、カルダモンなどのスパイスを加えたり、
レーズンやいちじく、ビターチョコやバナナを混ぜ込んでも。

メープルとくるみのケーキ

材料（直径15cmの丸型1台分）
- 薄力粉 … 160g
- ベーキングパウダー … 小さじ1
- ブラウンシュガー（またはきび砂糖）… 90g
- 卵 … 2個
- プレーンヨーグルト … 140g
- メープルシロップ … 40g
- バター（食塩不使用）… 100g
- くるみ … 40g

下準備
- 卵は室温に戻す。
- ヨーグルトはキッチンペーパーを敷いた
  ざるに入れ、30分水きりして70g分を用意する。
- バターは湯せん（ボウルの底に熱湯をあてる）に
  かけて溶かし、温めておく。
- 型にオーブンシートを敷く。
- オーブンを180℃に温める。

Point 1

ヨーグルトはキッチンペーパーを2枚重ねて敷いたざるに入れ、30分水きりして70g分を用意する。ざるに広げるようにしてのせると、短時間で水きりできる。

Point 2

バターは小さめのボウルに入れ、熱湯を入れたフライパンにのせて（湯せん）溶かす。そのままおき、温めておく。

① 粉類をふるい入れる

ボウルに粉類、砂糖をふるい入れる。

泡立て器でざっと混ぜ、まん中をくぼませる。

＊全体が均一に混ざればいい

③ 溶かしバターを加える

溶かしたバター（温かいもの）を加え、

泡立て器でぐるぐるっと混ぜる。

＊バターが分離しないようによく混ぜて

② 卵、ヨーグルト、メープルシロップを加える

溶いた卵、水きりしたヨーグルト、メープルシロップをくぼみに加え、

まず、まん中の液体だけを泡立て器でぐるぐるっと混ぜる。

まわりの粉を少しずつくずしながら、ぐるぐるっと混ぜていき、

粉っぽさが少し残るくらいまで混ぜる。

④ 焼く

生地のでき上がりは、とろりとしてゆるい感じ。

型に流して、

くるみをのせ（大きいものは手で割って）、180℃のオーブンで50分ほど焼く（20分たっていい焼き色がついたら170℃に下げる）。

＊中央に竹串を刺し、どろっとした生地がつかなければOK。粗熱がとれたら型から出す

Lemon & Yogurt

レモンヨーグルトケーキ

生地にはヨーグルトをそのまま使い、軽さを出しつつ、
中はしっとりとした質感に。レモンの皮とレモン汁も加え、
さわやかな酸味をきかせました。ピスタチオを散らしたり、
かわりにレモンのアイシングをかけてもよく合います。

材料（直径15cmの丸型1台分）

薄力粉 … 150g
ベーキングパウダー … 小さじ1
グラニュー糖 … 90g
A | 卵 … 2個
プレーンヨーグルト … 70g
はちみつ … 小さじ1
バター（食塩不使用）… 110g
レモン汁 … 大さじ1
レモンの皮（ワックス不使用のもの）の
　すりおろし … 1個分
【ヨーグルトアイシング】
粉砂糖 … 60g
プレーンヨーグルト … 小さじ2
レモンの皮（ワックス不使用のもの）の
　すりおろし … 1個分

下準備
・卵は室温に戻す。
・バターは湯せんにかけて溶かし、温めておく。
・型にオーブンシートを敷く。
・オーブンを180℃に温める。

作り方

1 ボウルに粉類、砂糖をふるい入れ、泡立て器で
ざっと混ぜ、まん中にくぼみを作ってА（卵は
溶いて）を加え、まわりの粉を少しずつくずし
ながらぐるぐるっと混ぜる。

2 粉っぽさが少し残るくらいで溶かしたバター
（温かいもの）、レモン汁、レモンの皮を加え、
泡立て器でぐるぐるっと混ぜる。

3 型に流し、180℃のオーブンで50分ほど焼く
（20分たっていい焼き色がついたら170℃に下
げる）。粗熱がとれたら、粉砂糖にヨーグルト
を少しずつ加えてスプーンで練り、ゆっくり落
ちるくらいにしてレモンの皮を加えたアイシン
グ（69ページ参照）をかける。

Strawberry & Cream Cheese

いちごとクリームチーズのケーキ

生のいちごの甘酸っぱさと、クリームチーズのコクを、
ほんのリレモン風味の生地に合わせました。焼き上がりには、
フランスでいちごと定番の組み合わせ、タイムの香りを添えて。
ハーブをローズマリー、チーズをマスカルポーネにかえても。

材料(直径15cmの丸型1台分)

薄力粉 … 150g

ベーキングパウダー … 小さじ1

グラニュー糖 … 100g

A 卵 … 2個

プレーンヨーグルト … 100g

バター(食塩不使用) … 100g

レモン汁 … 少々

いちご(大きければ縦半分に切る) … 10個

B クリームチーズ … 50g

はちみつ … 大さじ1

グラニュー糖 … 小さじ1

レモンの皮(ワックス不使用のもの)の
すりおろし … 1個分

タイム(生・あれば) … 2本

下準備

・卵は室温に戻す。

・ヨーグルトはキッチンペーパーを敷いた
ざるに入れ、30分水きりして50g分を
用意する。

・バターは湯せんにかけて溶かし、温めておく。

・**B**は練り混ぜる。

・型にオーブンシートを敷く。

・オーブンを180℃に温める。

作り方

1 ボウルに粉類、砂糖をふるい入れ、泡立て器で
ざっと混ぜ、まん中にくぼみを作って**A**(卵は
溶いて)を加え、まわりの粉を少しずつくずし
ながらぐるぐるっと混ぜる。

2 粉っぽさが少し残るくらいで溶かしたバター
(温かいもの)、レモン汁を加え、泡立て器でぐ
るぐるっと混ぜ、いちごの⅔量を加え、ゴムベ
ラでさっくりと混ぜる。

3 型に流し、残りのいちごを断面を上にして散ら
し、**B**を小さじ1くらいずつ5〜6か所にのせる。
180℃のオーブンで20分焼き(ここでいい焼き
色がついたら170℃に下げる)、タイムを2〜3
つにちぎってのせてさらに30分ほど焼く。

Cocoa & Marmalade Marble
ココアとマーマレードのマーブルケーキ

チョコレートとオレンジの組み合わせが好きなので、
ココア＆マーマレードの生地でマーブル模様にしました。
ヨーグルトを水きりせずに加えた、ややゆるめの生地は、
合わせたらごくさっと混ぜるだけでマーブルが作れます。

材料（直径15cmの丸型1台分）

薄力粉 … 150g
ベーキングパウダー … 小さじ1
グラニュー糖（またはきび砂糖）… 80g
A 卵 … 2個
プレーンヨーグルト … 70g
バター（食塩不使用）… 110g
オレンジマーマレード … 大さじ3（60g）
グランマニエ（あれば・40ページ参照）… 大さじ1
【 ココアペースト 】
ココア … 大さじ2½
牛乳 … 大さじ2

下準備
・卵は室温に戻す。
・バターは湯せんにかけて溶かし、温めておく。
・牛乳は電子レンジで5〜10秒温め、
　ココアを加えて練る。
・型にオーブンシートを敷く。
・オーブンを180℃に温める。

作り方

1 ボウルに粉類、砂糖をふるい入れ、泡立て器で
ざっと混ぜ、まん中にくぼみを作ってA（卵は
溶いて）を加え、まわりの粉を少しずつくずし
ながらぐるぐるっと混ぜる。

2 粉っぽさが少し残るくらいで溶かしたバター
（温かいもの）を加え、泡立て器でぐるぐるっと
混ぜる。

3 小さめのボウルに⅓量を取り分け、ココアペー
ストを加えてゴムベラでよく混ぜる。残りの生
地にマーマレード、グランマニエを加えてよく
混ぜ、そこにココア生地を戻し入れ、底から大
きく2回混ぜる（35ページ参照）。

4 型に流し、180℃のオーブンで50分ほど焼く
（20分たっていい焼き色がついたら170℃に下
げる）。

Pineapple & Coconut

パイナップルと
ココナッツのケーキ

ココナッツにたっぷりのパインの果汁を
吸わせた、しっとりとした食感のケーキです。
冷やして食べるのもおすすめです。

Mango & Coconut

マンゴーと
ココナッツのケーキ

マンゴーは手軽な冷凍のものを使い、
ココナッツと合わせて南国風に。
中にはドライマンゴーをとじ込めました。

パイナップルとココナッツのケーキ

材料（直径15cmの丸型1台分）

薄力粉 … 80g

ベーキングパウダー … 小さじ1

粉砂糖 … 100g

卵 … 2個

バター（食塩不使用）… 70g

A｜ココナッツファイン … 75g

　｜パイナップルジュース（果汁100%）… 60mℓ

　｜レモン汁 … 小さじ1

パイナップル（1.5cm角に切る）… ⅙個（正味100g）

【シロップ】

グラニュー糖 … 大さじ2

グランマニエ（40ページ参照）… 大さじ1

水 … 50mℓ

下準備

・Aは合わせ、冷蔵室で3時間以上おく（a）。

・卵は室温に戻す。

・バターは小鍋に入れ、中火で薄い茶色にこがし、
　茶こしでこす（b）。

・シロップの材料はひと煮立ちさせ、冷ます。

・型にオーブンシートを敷く。

・オーブンを180℃に温める。

作り方

1 ボウルに粉類、砂糖をふるい入れ、泡立て器で
ざっと混ぜ、まん中にくぼみを作って溶いた卵
を加え、まわりの粉を少しずつくずしながらぐ
るぐるっと混ぜる。

2 粉っぽさが少し残るくらいでこがしたバター
（温かいもの）⇒Aの順に加え、そのつど泡立て
器でぐるぐるっと混ぜ、パイナップルの半量を
加え、ゴムベラでさっくりと混ぜる。

3 型に流し、180℃のオーブンで40〜50分焼く
（20分たっていい焼き色がついたら170℃に下
げる）。熱いうちにシロップを全体にはけで塗り、
ラップで包んでなじませ、粗熱がとれたら残り
のパイナップルをのせる。

a　　　　　　　　　　　　　　b

マンゴーとココナッツのケーキ

材料（直径15cmの丸型1台分）

薄力粉 … 80g

ベーキングパウダー … 小さじ1

粉砂糖 … 100g

卵 … 2個

バター（食塩不使用）… 70g

A｜ココナッツファイン … 75g

　｜マンゴー（冷凍）… 60g

　｜レモン汁 … 大さじ1

ドライマンゴー … 50g

仕上げ用のマンゴー … 適量

【シロップ】

上と同じ

下準備

・Aのマンゴーとレモン汁はミキサーにかけ、
　ココナッツと混ぜて冷蔵室で3時間以上おく。

・ドライマンゴーは熱湯を回しかけ、粗く刻む。

・そのほかは、上と同じ。

作り方

1 生地の作り方は、上と同じ。生地にパイナップ
ル半量のかわりにドライマンゴー全量を混ぜ、
仕上げに1.5cm角に切ったマンゴーをのせる。

＊上にのせるマンゴーは、なくてもおいしい

Coffee, Nuts & Crumble
コーヒーナッツクランブルのケーキ

カリッと香ばしいナッツ、コクのあるクランブルを
どっさりトッピングした、アメリカンなケーキです。
生地にはコーヒーを混ぜ込み、少しほろ苦くして。
刻んで少量加えたキャラメルがアクセントです。

材料（直径15cmの丸型1台分）

薄力粉 … 150g

シナモンパウダー … 小さじ1

ベーキングパウダー … 小さじ½

重曹 … 小さじ⅔*

ブラウンシュガー（またはきび砂糖）… 90g

A | 卵 … 2個

プレーンヨーグルト … 140g

インスタントコーヒー … 大さじ1½

熱湯 … 小さじ1〜2

バター（食塩不使用）… 100g

くるみ、ピーカンナッツ、ヘーゼルナッツなど
… 合わせて80g

市販のキャラメル（4等分に切る）… 5粒

【アーモンドクランブル】

薄力粉 … 30g

アーモンドパウダー … 20g

ブラウンシュガー（またはきび砂糖）… 20g

バター（食塩不使用）… 20g

*なければベーキングパウダー小さじ1。
ただし、ふくらみ方や色みは少し変わります

下準備

・卵は室温に戻す。

・ヨーグルトはキッチンペーパーを敷いた
ざるに入れ、30分水きりして70g分を用意する。

・クランブル用のバターは1cm角に切り、
冷蔵室で冷やしておく。

・生地用のバターは湯せんで溶かし、温めておく。

・ナッツは⅔量をフライパンの中火でからいりし、
大きいものは半分に割る（生地用）。

・Aのコーヒーは熱湯で溶いておく。

・型にオーブンシートを敷く。

作り方

1 アーモンドクランブルを作る。ボウルに材料を
入れ、カードでバターを細かく刻み、両手ですり
つぶしてそぼろ状にし、冷凍室で冷やしておく
（23ページ参照）。オーブンを180℃に温める。

2 ボウルに粉類、砂糖をふるい入れ、泡立て器で
ざっと混ぜ、まん中にくぼみを作ってA（卵は
溶いて）を加え、まわりの粉を少しずつくずし
ながらぐるぐるっと混ぜる。

3 粉っぽさが少し残るくらいで溶かしたバター
（温かいもの）を加え、泡立て器でぐるぐるっと
混ぜ、生地用のナッツ、キャラメルを加え、ゴ
ムベラでさっくりと混ぜる。

4 型に流して平らにならし、**1**のクランブル、残
りのナッツを散らし、180℃のオーブンで50分
ほど焼く（20分たっていい焼き色がついたら
170℃に下げる）。

Fluffy

《 Chapter 5 ｜ ふわふわパウンドケーキ 》

全卵をふんわりと泡立てて作る、スポンジケーキみたいな生地。
口溶けがよくて軽く、ふんわりしつつもしっとり感があって、
私がいちばん好きなケーキです。多めの溶かしバターが入るので、
ベーキングパウダーを少し加えて、しっかりふくらむように。
ジャムをサンドしたり、クリームで飾るのがよく合う生地です。

Masala Chai

チャイのケーキ

紅茶と数種類のスパイスを合わせた、チャイ風味のケーキ。
紅茶液を混ぜたクリームと一緒に食べると、ミルクティーのような
まろやかな味わいになります。スパイスの種類はお好みで。
ナツメグをクローブにしたり、ジンジャーを加えても合います。

チャイのケーキ

材料（直径15cmの丸型1台分）

薄力粉 … 90g

シナモン、ナツメグ、カルダモン
　（すべてパウダー）… 各小さじ⅓

ベーキングパウダー … 小さじ⅓

紅茶の葉（ティーバッグ）… 1袋（2g）*

卵 … 2個

グラニュー糖 … 80g

バター（食塩不使用）… 60g

【紅茶液】

紅茶の葉（ティーバッグ）… 1袋（2g）*

水 … 50mℓ

はちみつ … 大さじ1

【クリーム】

生クリーム … 100mℓ

グラニュー糖 … 小さじ1

*アッサム、セイロンなどがおすすめ

下準備

・小鍋に水、ティーバッグを入れて沸騰させ、
　火を止めて5分蒸らしてぎゅっと絞り、
　はちみつを加えて冷まし、
　紅茶液大さじ2を用意する。

・型にオーブンシートを敷く。

・オーブンを180℃に温める。

① 卵と砂糖を泡立てる

ボウルに卵、砂糖を入れて
湯せん（ボウルの底に熱湯
をあてる）にかけ、ハンド
ミキサーの高速で泡立てる。

*フライパンに湯を沸かし、
火を止めてボウルの底にあて
るといい

40℃（お風呂の温度）くらい
に温まったら湯せんからは
ずし、⇒⇒⇒右ページへ

② 粉類を加える

粉類を一度にふるい入れ、
紅茶の葉も加え、

ゴムベラで切るようにさっ
くりと、底から返すように
して混ぜる。

*ボウルを逆方向に回しなが
らするといい

⇒今度は、ボウルに入れた
バターを湯せんにかけ、溶
かして温めておく。

＊バターは溶けやすいように、
4等分くらいに切るといい

卵をハンドミキサーの高速
で6〜7分泡立て、

＊思った以上にしっかり泡立
てて

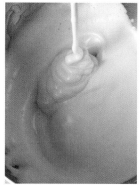

すくった時にリボン状に積
み重なってしばらく消えな
くなったら、

低速で1分混ぜてキメを整
える。

❸ 溶かしバターを加える

粉っぽさが少し残るくらい
で、溶かしたバター（温か
いもの）、紅茶液大さじ1を
加え、

ゴムベラで切るようにさっ
くりと、底から返すように
混ぜる。

＊ボウルを逆方向に回しなが
らするといい。バターが沈殿
しないように注意して

生地がツヤッとして均一に
なり、なめらかなクリーム
のようになればOK。

❹ 焼く

型に流し、型を回して平ら
にならし、180℃のオーブ
ンで30分ほど焼く（15分た
っていい焼き色がついたら
170℃に下げる）。完全に冷
めたら、とろりと泡立てて
紅茶液大さじ1を混ぜたク
リームをのせる。

＊中央に竹串を刺し、どろっと
した生地がつかなければOK。
粗熱がとれたら型から出す

Week-end Yuzu
ゆずのウィークエンド

おなじみのレモンのウィークエンドを、ゆずでアレンジ。
表面にジャムとアイシングを塗ると、日がたってもケーキがパサつきません。
アイシングを全体に塗ったら、高温のオーブンにさっと入れ、
すりガラスのようなコーティングに仕上げるときれいです。

材料（直径15cmの丸型1台分）

薄力粉 … 90g

ベーキングパウダー … 小さじ⅓

卵 … 2個

グラニュー糖 … 70g

バター（食塩不使用）… 90g

A ゆずの絞り汁 … 小さじ½

ゆずの皮のすりおろし … 少々

B ゆず（またはアプリコット）ジャム … 50g*

水 … 小さじ2

【ゆずアイシング】

粉砂糖 … 100g

ゆずの絞り汁 … 大さじ1

飾り用のゆずの皮（せん切り）、

ピスタチオ（あれば・粗く刻む）… 各適量

*ゆず茶でもいい。ゆるければ水なしでレンジ加熱を

下準備

・バターは小鍋に入れ、中火で薄い茶色に
　こがし、茶こしでこす（61ページ参照）。

・B はラップをかけて電子レンジで20秒
　加熱し、ゆるめてのばしやすくする。

・型にオーブンシートを敷く。

・オーブンを180℃に温める。

作り方

1 ボウルに卵、砂糖を入れ、湯せんにかけてハンドミキサーの高速で泡立てる。40℃くらいに温まったら湯せんからはずし、高速で泡立て、すくった時にリボン状に積み重なってしばらく消えなくなったら、低速で1分混ぜる。

2 粉類をふるい入れ、ゴムベラでさっくりと混ぜ、粉っぽさが少し残るくらいでこがしたバター（温かいもの）を加え、ツヤが出るまで混ぜる。A を加え、さっと混ぜる。

3 型に流し、180℃のオーブンで30分ほど焼く（15分たっていい焼き色がついたら170℃に下げる）。すぐに型から出してひっくり返して完全に冷まし、ひっくり返した状態のまま B を全体に薄く塗り、軽く乾かす。

4 スプーンでとろりと混ぜたアイシングをパレットナイフで塗り、220℃に温めたオーブンで30秒加熱する。ゆずの皮、ピスタチオを飾る。

 →

Point.1

ゆずアイシングは、粉砂糖にゆずの絞り汁を少しずつ加え、スプーンでよく練り、とろりとゆっくり落ちるくらいのかたさにする。

Point.2

ケーキを網にのせ、下にトレイなどを置き、アイシングを上面にかける。パレットナイフなどで全体に薄く広げ、側面にもたらす。

Matcha & Mascarpone

抹茶とマスカルポーネのケーキ

抹茶が生地の水分を吸うので、生クリームで少し補いつつ、
ミルキーな味わいもプラスするのがコツです。
鮮やかな抹茶色を残したいので、焼き温度はやや低めに。
生地にゆであずきを混ぜたり、仕上げに添えて食べても。

材料（直径15cmの丸型1台分）

薄力粉 … 110g

抹茶（製菓用のもの）… 10g

ベーキングパウダー … 小さじ½

卵 … 2個

グラニュー糖 … 90g

生クリーム … 60mℓ

バター（食塩不使用）… 40g

【 マスカルポーネクリーム 】

マスカルポーネチーズ … 125g

グラニュー糖 … 小さじ2

飾り用の板チョコ（ホワイト・あれば）、抹茶

… 各適量

下準備

・バターは湯せんにかけて溶かし、温めておく。

・型にオーブンシートを敷く。

・オーブンを170℃に温める。

作り方

1 ボウルに卵、砂糖を入れ、湯せんにかけてハンドミキサーの高速で泡立てる。40℃くらいに温まったら湯せんからはずし、高速で泡立て、すくった時にリボン状に積み重なってしばらく消えなくなったら、低速で1分混ぜる。生クリームを加え、低速でさっと混ぜる。

2 粉類をふるい入れ、ゴムベラでさっくりと混ぜ、粉っぽさが少し残るくらいで溶かしたバター（温かいもの）を加え、ツヤが出るまで混ぜる。

3 型に流し、170℃のオーブンで40～50分焼く。完全に冷めたら、ゴムベラで混ぜたマスカルポーネクリームを上面に塗り、削ったホワイトチョコをのせ、食べる時に抹茶を茶こしでふる。

マスカルポーネチーズ

ミルキーで酸味が少ないチーズで、ティラミスに使うことでもおなじみ。泡立てずにそのまま使用でき、チョコ、抹茶、ベリー系のケーキに、ホイップクリームのかわりに添えてもおいしい。

Victoria Sandwich With Lemon Curd

レモンカードのビクトリアケーキ

本来は、リッチでやや重ための食感のビクトリアケーキですが、
ふわふわしたこの生地で作ると、甘酸っぱくやわらかなカードと相性抜群です。
カードをサンドしたら冷蔵室で半日〜1日おき、食べる時は常温に戻して。
手軽にラズベリーやあんずのジャムをはさんでも美味です。

材料（直径15cmの丸型1台分）
　│ 薄力粉 … 90g
　│ ベーキングパウダー … 小さじ⅓
　卵 … 2個
　グラニュー糖 … 60g
　バター（食塩不使用）… 90g
　【レモンカード】
　│ 卵 … 1個
　│ グラニュー糖 … 50g
　│ レモン汁 … 50mℓ
　│ レモンの皮（ワックス不使用のもの）の
　│ 　すりおろし … 1個分
　│ バター（食塩不使用）… 40g
　飾り用の粉砂糖 … 適量

下準備
・生地用のバターは湯せんにかけて溶かし、
　温めておく。
・型にオーブンシートを敷く。
・オーブンを180℃に温める。

作り方

1 ボウルに卵、砂糖を入れ、湯せんにかけてハンドミキサーの高速で泡立てる。40℃くらいに温まったら湯せんからはずし、高速で泡立て、すくった時にリボン状に積み重なってしばらく消えなくなったら、低速で1分混ぜる。

2 粉類をふるい入れ、ゴムベラでさっくりと混ぜ、粉っぽさが少し残るくらいで溶かしたバター（温かいもの）を加え、ツヤが出るまで混ぜる。

3 型に流し、180℃のオーブンで30分ほど焼く（15分たっていい焼き色がついたら170℃に下げる）。

4 レモンカードを作る。ボウルに卵、グラニュー糖を入れて泡立て器でよく混ぜ、レモン汁、レモンの皮、湯せんで溶かしたバターを加えて混ぜる。湯せん（熱湯を入れたフライパンをボウルの底にあてる）にかけ、耐熱のヘラで絶えず混ぜながら、とろりとするまで弱火で4〜5分加熱する。ざるでこし、バットに移して表面にラップをはりつけ、粗熱がとれたら冷蔵室で1時間冷やす。

5 ケーキが完全に冷めたら厚みを半分に切り、4を塗ってサンドし、食べる時に粉砂糖を茶こしでふる。

Point.1

レモンカードは、熱湯を入れたフライパンをボウルの底にあて、弱火にかけ、混ぜながら4〜5分加熱してとろりとさせる。冷やすとしまるので、ややゆるめでいい。

Point.2

レモンカードができ上がったら、バットなどの容器に移し、表面にぴったりとラップをはりつけて冷ます。粗熱がとれたら、冷蔵室で1時間冷やしてから使う。

Chocolate Mint with Jam

チョコミントのジャムサンドケーキ

ココア生地に生のミントを混ぜ、最後にほんのり香りが残る、
上品な感じのチョコミントケーキにしました。
ミントが好きな方は、倍量を入れて香りを強くしても。
ジャムなしで、チョコレートガナッシュを間にはさんでも合います。

材料（直径15cmの丸型1台分）

薄力粉 … 75g

ココア … 10g

ベーキングパウダー … 小さじ⅓

卵 … 2個

グラニュー糖 … 70g

バター（食塩不使用） … 70g

ミントの葉 … 10枚

ラズベリージャム … 80g

【チョコレートガナッシュ】

製菓用チョコレート（ビター） … 100g*

牛乳 … 60mℓ

はちみつ … 小さじ1

飾り用のミントの葉 … 適量

*18ページ参照

下準備

・バターは湯せんにかけて溶かし、温めておく。

・生地用のミント、チョコレートは細かく刻む。

・型にオーブンシートを敷く。

・オーブンを180℃に温める。

作り方

1 ボウルに卵、砂糖を入れ、湯せんにかけてハンドミキサーの高速で泡立てる。40℃くらいに温まったら湯せんからはずし、高速で泡立て、すくった時にリボン状に積み重なってしばらく消えなくなったら、低速で1分混ぜる。

2 粉類をふるい入れ、ゴムベラでさっくりと混ぜ、粉っぽさが少し残るくらいで溶かしたバター（温かいもの）、ミントの葉を加え、ツヤが出るまで混ぜる。

3 型に流し、180℃のオーブンで30分ほど焼く（15分たっていい焼き色がついたら170℃に下げる）。完全に冷めたら厚みを半分に切り、ジャムを塗ってサンドする。

4 チョコレートガナッシュを作る。ボウルにチョコレートを入れ、沸騰直前まで温めた牛乳の半量を加えてゴムベラで混ぜ、残りの牛乳を少しずつ加えてなめらかに混ぜ、はちみつも加えて混ぜる。ケーキの上面にかけてゴムベラでのばし、常温で固まるまでおき、ミントを飾る。

 →  →

Point.1

ガナッシュは、まずチョコに温めた牛乳の半量を混ぜる。もろもろするけれど大丈夫。

Point.2

残りの牛乳を少しずつ加えて混ぜると、もろもろの感じが消え、乳化してなじんでいく。

Point.3

最後にはツヤがある、なめらかなガナッシュになる。このあと、はちみつを混ぜる。

Strawberry & Berry Sponge

いちごとベリーのショートケーキ

バターが少なめのこの生地は、「ジェノワーズ」とも呼ばれるもので、
ベーキングパウダーなしで作れます。シロップを塗ってすぐよりも、
サンドして1日おいたほうが、全体がしっとりなじんでおいしい。
バターのかわりに、同量の太白ごま油でも作れます。

材料（直径15cmの丸型1台分）
薄力粉 … 60g
卵 … 2個
グラニュー糖 … 60g
はちみつ … 小さじ1
A ┃ バター（食塩不使用）… 10g
　　┃ 牛乳 … 20mℓ
【シロップ】
グラニュー糖 … 小さじ1½
キルシュ*（またはラム酒）… 小さじ1
水 … 50mℓ
【クリーム】
　┃ 生クリーム … 200mℓ
　┃ グラニュー糖 … 15g
いちご … ⅓パック（100g）
ブルーベリー、ラズベリー（生）… 合わせて40g
＊47ページ参照

下準備
・**A**は湯せんにかけて溶かし、温めておく。
・シロップの材料はひと煮立ちさせ、冷ます。
・いちごはトッピング用2個を取り分け、
　残りは厚みを縦4等分に切る。
・型にオーブンシートを敷く。
・オーブンを180℃に温める。

作り方

1 ボウルに卵、砂糖、はちみつを入れ、湯せんにかけてハンドミキサーの高速で泡立てる。40℃くらいに温まったら湯せんからはずし、高速で泡立て、すくった時にリボン状に積み重なってしばらく消えなくなったら、低速で1分混ぜる。

2 粉をふるい入れ、ゴムベラでさっくりと混ぜ、粉っぽさが少し残るくらいで溶かした**A**（温かいもの）を加え、ツヤが出るまで混ぜる。

3 型に流し、180℃のオーブンで25〜30分焼き（15分たっていい焼き色がついたら170℃に下げる）、10cm高さから台に1回落とし、すぐに型から出してひっくり返して冷ます。完全に冷めたら厚みを半分に切り、両方の断面にシロップを塗る。

4 生クリームにグラニュー糖を加え、とろりとするまで泡立てる（七分立て）。半量を下の断面に塗り、いちごを並べ、クリーム大さじ2をのばしてサンドする。上面に残りのクリームをスプーンなどで塗り、トッピング用のいちご、ベリーを好みの大きさに切って飾る。

Light with Oil

〈 Chapter 6 │ 軽やかオイルケーキ 〉

バターを使った生地のような香りやコクはありませんが、
そのぶん素材の味をストレートに出してくれる、
何とでも合わせやすい生地です。すりおろしたにんじんや
かぼちゃのペーストなどを合わせて、しっとりと軽やかに焼き上げで。
全粒粉やブラウンシュガーなどとも、相性がいい生地だと思います。

Carrot
キャロットケーキ

みじん切りのにんじんを加えて作るレシピもありますが、
にんじんをすりおろして、その水分ごと生地に合わせるのが私は好き。
スパイスがよく合うお菓子なので、ジンジャーやナツメグなどを
それぞれ小さじ1ずつ入れてもおいしいと思います。

キャロットケーキ

材料（直径15cmの丸型1台分）

薄力粉 … 180g
シナモンパウダー … 小さじ⅓
重曹 … 小さじ½ *
ベーキングパウダー … 小さじ⅓

卵 … 2個
きび砂糖（またはブラウンシュガー）… 70g
太白ごま油 … 70g **
にんじん … 1本（正味120g）
レーズン … 40g
くるみ … 30g

【チーズフロスティング】

クリームチーズ … 100g
バター（食塩不使用）… 50g
粉砂糖 … 40g

仕上げ用のシナモンパウダー … 少々

＊なければベーキングパウダーを合計小さじ1に。
ただし、ふくらみ方や色みは少し変わります
＊＊または菜種油、米油など

下準備

・卵、クリームチーズ、バターは室温に戻す。
・くるみはフライパンの中火でからいりする。
・にんじんは皮をむき、すりおろす。
・レーズンは熱湯を回しかけ、湯をきる。
・型にオーブンシートを敷く。
・オーブンを180℃に温める。

重曹（ベーキングソーダ）

「ベーキングソーダ」とも呼ばれる重曹は、炭酸ガスの力で重たい生地をふくらませるのが得意。カラメル風の味で、生地がやや茶色くなるのが特徴。入れすぎると苦みが出るので注意して。（富）⇒入手先は88ページ

① 卵と砂糖を泡立てる

ボウルに卵、砂糖を入れ、ハンドミキサーの高速で泡立てる。

白っぽくふんわりと泡立ったら、

④ レーズンとくるみを加える

ハンドミキサーの羽根をはずし、手でさっと混ぜる。

＊粉っぽさがまだ残っているくらいさっとでいい

残りの粉類をふるい入れ、レーズン、くるみを手で割りながら加え、ゴムベラで切るようにさっくりと、底から返すようにして混ぜる。

＊ボウルを逆方向に回しながらするといい

② 油とにんじんを加える

油を少しずつ加え、

ハンドミキサーの高速で、もったりするまで混ぜる。

すりおろしたにんじんを加え、ハンドミキサーの低速でざっと混ぜる。

③ 粉類を加える

粉類の1/3量をふるい入れ、

⑤ 焼く

粉っぽさがなくなればOK。生地のでき上がりは、全体にしっとりして、少しもったりとした感じ。

型に流して平らにならし、

まん中がふくらむので中央を少しへこませ、180℃のオーブンで45〜55分焼く（20分たっていい焼き色がついたら170℃に下げる）。

＊中央に竹串を刺し、どろっとした生地がつかなければOK。粗熱がとれたら型から出す

⑥ フロスティングを塗る

粗熱がとれたら、ゴムベラでクリーム状に練ったフロスティングを上面に塗る。食べる時にシナモンパウダーをふる。

Pumpkin & Spices
かぼちゃのスパイスケーキ

黄色の色みがかわいく、こっくりとやさしい甘さのかぼちゃを、
オイルの生地ですっきりと焼き上げました。素朴な味に、
スパイスとスパイス風味のビスケットでアクセントを。
生地にチョコチップを混ぜ込んでもおいしいです。

材料（直径15cmの丸型1台分）

薄力粉 … 130g

シナモンパウダー … 小さじ⅓

ベーキングパウダー … 小さじ⅔

卵 … 2個

きび砂糖（またはブラウンシュガー）… 80g

太白ごま油 … 80g

かぼちゃ … ⅛個（正味100g）

飾り用のかぼちゃ … 5mm幅の

くし形切り（皮つき）2枚

「ロータス」カラメルビスケット … 4枚

下準備

・卵は室温に戻す。

・型にオーブンシートを敷く。

・飾り用のかぼちゃは3〜4等分に切る。

作り方

1 かぼちゃは種とワタを除いて皮ごと耐熱ボウルに入れ、ラップをかけて電子レンジで3〜4分加熱し、皮を除いてフォークでなめらかにつぶす。オーブンを180℃に温める。

2 ボウルに卵、砂糖を入れ、ハンドミキサーの高速で泡立て、ふんわりしたら油を少しずつ加え、高速でもったりするまで混ぜる。**1**を加え、ハンドミキサーの低速でざっと混ぜる。

3 粉類の⅓量をふるい入れ、ハンドミキサーの羽根でさっと混ぜ、残りの粉類をふるい入れ、ゴムベラでさっくりと混ぜる。

4 型に流して平らにならし、飾り用のかぼちゃ、ロータスビスケット（半分に割って）を散らし、180℃のオーブンで45分ほど焼く（20分たっていい焼き色がついたら170℃に下げる）。

カラメルビスケット

シナモンとカラメルが入っていて、複雑な味わいの「ロータス」ビスケット。ケーキのトッピングに使うと、カリッとした食感がアクセントに。チョコレートとも相性抜群。

Honey & Ginger
はちみつジンジャーケーキ

みじん切りにしたしょうがのプチプチした食感と、
ピリッとした風味が生きた、少しなつかしい味わいのケーキ。
重曹が入ることで、そばぼうろのような風味も楽しめます。
重曹を使ったケーキは、冷めてからのほうがおいしいです。

材料（直径15cmの丸型1台分）

薄力粉 … 90g
全粒粉 … 30g*
重曹 … 小さじ2/3**

卵 … 2個
ブラウンシュガー（またはきび砂糖）… 20g
太白ごま油 … 60g
【しょうがのはちみつ煮】
しょうが … 大1/2個（50g）
はちみつ … 大さじ3 1/2

＊薄力粉・強力粉タイプどちらでもいい
＊＊なければベーキングパウダー小さじ1。
ただし、ふくらみ方や色みは少し変わります

下準備

・卵は室温に戻す。
・しょうがは皮ごとみじん切りにする。
・型にオーブンシートを敷く。

作り方

1 しょうがのはちみつ煮を作る。小鍋に材料を入れ、弱めの中火でしょうがが少し透き通るまで混ぜながら2〜3分煮、粗熱をとる。オーブンを180℃に温める。

2 ボウルに卵、砂糖を入れ、ハンドミキサーの高速で泡立て、ふんわりしたら油を少しずつ加え、高速でもったりするまで混ぜる。**1**を加え、ハンドミキサーの低速でざっと混ぜる。

3 粉類の1/3量をふるい入れ、ハンドミキサーの羽根でさっと混ぜ、残りの粉類をふるい入れ、ゴムベラでさっくりと混ぜる。

4 型に流して平らにならし、180℃のオーブンで30〜35分焼く（15分たっていい焼き色がついたら170℃に下げる）。好みで、泡立てた生クリーム（分量外）を添える。

Point.1

しょうがのはちみつ煮は、小鍋にみじん切りにしたしょうが、はちみつを入れ、弱めの中火で混ぜながら2〜3分煮る。しょうがが少し透き通ってくればOK。

Column_1 材料について

粉や砂糖、バター、卵など、パウンドケーキ作りに必要な基本の材料たちです。
私がいつも使っているものや、選ぶ時のポイントなどをご紹介します。

★の入手先は（富）⇒詳しくは88ページ

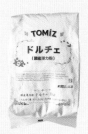

薄力粉

国産のもので小麦の風味がしっかりしている、「ドルチェ」を愛用しています。クッキーからスポンジケーキまで、焼き菓子全般に使えるオールマイティな粉。ひとつ選ぶなら、これがおすすめ。「ドルチェ　江別製粉」★

砂糖

バナナやかぼちゃなどを使い、こっくりと仕上げたいケーキにはきび砂糖を。レモンなどフルーツを使い、風味や色をすっきり仕上げたいもの、その他ケーキ全般にはグラニュー糖を使っています。「微粒子グラニュー糖」「カップ印　きび砂糖」★

バター

カルピス、よつ葉、明治などの食塩不使用のものを使っています。パウンドケーキは加えるバターの量が多めなので、軽く焼き上がる発酵バターがよりおすすめ。有塩バターは、塩けが強いので避けてください。

卵

Mサイズのものを使用。割った時に50〜55g（卵黄20g+卵白30〜35g）が目安。私は卵2個で110gで作っています。卵が120g以上になると生地が分離することがあるので、できれば計量して。100gだと、写真よりも少し小さめのケーキになります。

ベーキングパウダー

アルミニウム（みょうばん）不使用のものがおすすめ。加えると生地が多少パサつきやすくなるため、必要最小限の量を使用。開封して時間がたつとふくらみが悪くなるので、新鮮なものを。保存は冷蔵室で。「ラムフォードベーキングパウダー」★

サワークリーム

酸味とコクがあり、生地に加えると、バターだけで作るよりも軽さのあるケーキになります。ほんのり酸味があって、食べやすい生地になるのも魅力。フルーツとの相性は抜群。生地に加える時は、分離しないように室温に戻しておきます。

ヨーグルト

無糖のプレーンタイプを使っています。生地の立ち上がりをよくするともいわれていて、軽い食感の焼き上がりに。水きりする時は、ざるに広げるようにしてのせると短時間でできます。

生クリーム

乳脂肪分40％以上のものが、コクがあっておいしいですが、泡立ちすぎてすぐにボソボソになるので、扱いやすい35％以上のものでもOK。ただし、ホイップして時間がたつと水っぽくなるので、食べる直前に作ります。

油

素材の風味や色を邪魔しない、無色透明で香りやくせがない太白ごま油を使用。米油や菜種油でもOK。オリーブ油や茶色のごま油は、風味が強いので避けて。「製菓用　太白胡麻油」★

Column_2　道具について

基本的にボウルひとつで手軽に作れるパウンドケーキは、使う道具も身近なものばかり。
ハンドミキサーは、やはりあると便利です。私が愛用しているものはこちらです。

ボウル

直径20cmのものを使用しています。色がわかりやすい耐熱ガラス製を使っていますが、ステンレス製でもOK。ふわふわパウンドケーキには、直径23cmを使用。チョコを湯せんで溶かす時は、熱伝導率がいいステンレス製を。

泡立て器

この本では、メレンゲを加えるふんわり生地、溶かしバターで作るマフィン風の生地などを作る時に使っています。手の大きさや、ボウルのサイズに合わせて選ぶのがポイント。私は「マトファー」の25cm長さのものを使用。

ゴムベラ

生地に粉を加えてから、さっくり混ぜる時などに使います。耐熱のシリコン製のものは、キャラメルソース作りなどにも使えますが、かたくて少し混ぜにくいことも。100円ショップなどで購入できる、薄くてしなりのいいものが1本あると便利です。

ハンドミキサー

バターに空気をしっかり含ませたいパウンドケーキは、ハンドミキサーで混ぜて作るのがおすすめ。私は「クイジナート」のものを使用。手頃な価格のものでいいので、1つあるとお菓子作りがラクに、上手になります。

丸型

直径15cmの丸型なら、共底（底がとれない）タイプ、底がとれるタイプのどちらでもOK。材質は何でもいいですが、ブリキだと焼き色がよりきれいにつきます。紙やシリコン製の型の場合、焼き時間は気持ち長めに。

底がとれる丸型で36ページの「りんごのアップサイドダウンケーキ」を焼く場合は、キャラメルソースがもれてしまうので、型の底全体をアルミホイルでおおって。

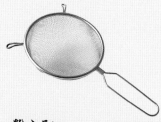

粉ふるい

ボウルに粉をふるい入れる時に使うので、ボウルよりも直径が小さいものを。手つきのざるで、目はそれほど細かくなくて大丈夫です。100円ショップなどでも購入できます。

◎ケーキの保存のしかたと日持ちについて

- パウンドケーキは、冷めたら乾燥しないようにラップで包み、常温で保存を（生のフルーツやクリームをのせたりサンドしているものと、夏場は冷蔵保存）。冷蔵すると生地がしまるので、常温に戻してから食べて。
- 日持ちは…1章、3章は約1週間（翌日〜2日後が食べごろ）
  2章は2〜3日（翌日が食べごろ）
  4章、6章は4〜5日（当日〜翌日が食べごろ）
  5章は3〜4日（翌日〜2日後が食べごろ）。
- 冷凍できるものは、4章、5章、6章のうち、生のフルーツやクリームをのせたりサンドしていないもの。
  4章、6章はリベイク（オーブンで焼き直す）を、5章は自然解凍して食べて。

若山曜子（わかやま　ようこ）

料理研究家。東京外国語大学フランス語学科卒業後、パリへ留学。ル・コルドン・ブルー、エコール・フェランディを経て、パティシエ、グラシエ、ショコラティエ、コンフィズールのフランス国家資格（CAP）を取得。パリのパティスリーなどで経験を積み、帰国後はカフェのメニュー監修、雑誌や書籍、テレビでのレシピ提案などで活躍。自宅で少人数制のお菓子と料理の教室を主宰。著書に『フライパンパスタ』『フライパン煮込み』『フライパンリゾット』『作っておける前菜、ほうっておけるメイン』『バターで作る／オイルで作る クッキーと型なしタルトの本』『バターで作る／オイルで作る スコーンとビスケットの本』『バターで作る／オイルで作る マフィンとカップケーキの本』（すべて小社刊）など多数。Instagram：@yoochanpetite

丸型で焼くからおいしい
パウンドケーキ

著　者　若山曜子
編集人　足立昭子
発行人　倉次辰男
発行所　株式会社 主婦と生活社
　　　　〒104-8357　東京都中央区京橋3-5-7
　　　　Tel.03-3563-5321（編集部）
　　　　Tel.03-3563-5121（販売部）
　　　　Tel.03-3563-5125（生産部）
　　　　https://www.shufu.co.jp/
　　　　ryourinohon@mb.shufu.co.jp
印刷所　凸版印刷株式会社
製本所　株式会社若林製本工場
ISBN978-4-391-15659-1

デザイン　福間優子
撮影　福尾美雪
スタイリング　池水陽子
調理アシスタント　細井美波、池田愛実、栗田茉林、
　出沼麻希子
プリンティングディレクション　金子雅一（凸版印刷株式会社）

取材　中山み登り
校閲　滄流社
編集　足立昭子

◎（富）⇒ TOMIZ（富澤商店）＊材料提供
オンラインショップ　https://tomiz.com/
Tel.042-776-6488
（月～金 9:00 ～ 12:00、13:00~17:00 ／土日祝は休）
製菓・製パン材料を中心に、幅広い食材をそろえる食材専門店。オンラインショップのほか、全国に直営店があります。

＊商品の取り扱い先は、2021年10月22日現在のものです。お店や商品の状況によって、同じものが入手できない場合もあります。あらかじめご了承ください。